JN411219

기러기 재를 넘어

정기모

직업군인으로서 12년간 글체를 그리고 말을 만들어 전달하는 부서에 근무하면서 전역하여 1988년 조선일보 문예창작 모집에 당선되어 글을 쓰기 시작하였으며 그 후 문화일보 스포츠조선 각종 낚시 월간지에 글을 쓰기 시작하였고 서울방송국에서 일주일 두 번 방송을 하기도 하다가 우연하게 문학이라는 바다에 빠지게 되었다

연혁 및 활동내역

사단법인 한국문인협회 회원

계간지 『제 3의 문학』 회원

환경미술협회 회원

『윌더니스』 문학 회원

군생활 각종 표창 17회

제5회 환경미술대회 한국화 입선

현대미술 스팩트럼 한국화 전시

제6회 산자수명 실기대회 한국화 입선

제7회 산자수명 실기대회 한국화 특선

제8회 산자수명 실기대회 한국화 특선

기러기 재를 넘어

발행일 • 2013년 4월 20일

지은이 • 정기모

발행인 • 이성모/발행처 • 도서출판 동인/등록 • 제1-1599호

주소 • 서울시 종로구 명륜동2가 아남주상복합아파트 118호

TEL • (02) 765-7145, 55/FAX • (02) 765-7165

E-mail • dongin60@chol.com/Homepage • donginbook.co.kr

ISBN 978-89-5506-533-6

정가 8,000원

※잘못 만들어진 책은 교환해드립니다.

• 윌더니스 시선집 106

기러기 재를 넘어

정기모 시집

도서출판 동인

차례

1장 한파

2장
겨울 장터

3장
수술환자 대기실

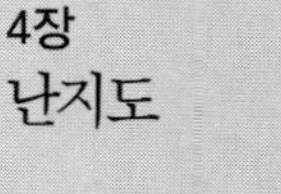
4장
난지도

1장

한파

강가

물가에
아침안개 바람에 꺾여
일렁이고
조각배 안개를 낚는다

강에서 나고
강에서 새끼들 자라고
아침안개가 걷히기 전에
세상을 걷는다

강가에 아침은
내일도 있다

겨울 풍

꼭 꼭 여민
설한의 가슴 틈으로
손님이 찾아든다
깊은 나무함
여며둔 보따리
풀잎을 아낙은
뒤척이는데

조여드는
생활의 틈으로
겨울의 손님이
찾아든다

한파

배추밭에 내린 한파
주의보
파랗게 질린
대파고랑 틈
웅크린 고양이는
발이 시려워라

푸른 갓은 겨울 아닌데
비닐을 뒤집어쓴
배추 무우
겨울을 힘들게
넘어간다

매운바람

그는 아궁이에
겨울을 걷어 넣는다

콩깍지 고추대
아지랑이 피는
가마솥 위
세상살이 꽃

그는 매운 연기에
마음을 찡긋
거린다

첫눈

김장배추
이불을
뒤집어쓰고
팔뚝 무우
비닐을
지붕 삼았다

저 멀리
푸른 갓도
이불 달라
파르르 떤다

가을걷이

코와 입으로
들깨 알이 튄다
쏟아진 메주콩
함지박에 모이고
외줄로 심은
고구마는 토실하다
강남콩 쳐다보는 눈 위로
가을 햇살이 떨어진다

봄

잔설을
소복 누르며
허리 굽은 노인이
봄의 손님 안으로
빨려 들어간다
여기는 고추
저기는 배추 심을 곳
팔순 노파와
육순이 가까운 아들이
겨울을 털어내는
저녁노을을 느낀다

자갈밭 냉이

내일은 눈이 온다고
초봄 냉이 향이 흐르는 곳
가게 앞 자갈 논자리
탁탁 호리 찍는 소리
씀바귀 뿌리 따라
고통에 묻혀 있는
정신을 날린다

싸리 빗자루

눈 덮인 소똥더미 틈으로
찍힌 발자국
먹이 찾아 기웃거린
밤의 생명들
고추고랑 어림으로
싸리빗으로
노인은 길을 열고
털신으로
자국을 남긴다

연탄

여름내 가꾸었던 텃밭에
온갖 생명의 흔적이
찍혀있다

비닐하우스 위에는
하얀 이불이 덮여 있고
도라지는 흰 눈 밑에서
동면중이다

해지는 저녁의
겨울바람이
연탄불을 가는
노인의 발위로
지나간다

얼음낚시

얼음칼로 찍어대는
꽁꽁 언 학지얼음
솟구치는 물수압

춤을 추는 지렁이 몸
물속고기 반기고
솟구치는 얼음찌

챔질하는 낚시인 손
휘어지는 낚싯대
황금빛 물고기

얼음판위 몸부림짓
입에 문 낚시채비
등가시 날카롭네

들깨

구부러진 등허리
세월을 등에 업고
나무 가지를
탁탁 친다
사박사박 소리 내며
찾아올
새끼들을 위해

늦가을

단풍잎 고춧대
가을을 태우고
뽕나무 잎은
가을소리를 낸다

늙은 농부의 가게 앞
배추 3천원
무우 5개 만원
우수수 떨어지는
고추 밭고랑으로
하얀 강아지
뛰어간다

자연

산야의
바위 틈새
검은 배추
여기 저기

솔 향기 짙은 곳
흰 무우 듬성듬성
솔잎을 우산 삼아
세상 구경
하려 가네

세상살이

포천의 아스팔트 위
늙은 노인의 가게
열무 한 단 2000원
애호박 500원
깻잎 한 단 100원

고등어자반으로
양발 두 켤레
해지는 저녁
지아비 찾아
어둠사이로
걸어간다

떠나는 너

양손 허리 걸치고
수 시간 노려본다
그렇게 너를
좋아했는데
매일 만지고
보살펴 주었는데
나 싫다
못 본 체 말라버렸네
낭군보다 사랑했는데

잎

밭고랑 틈
나무 밑 그늘
억센 생명
장화 밑 보금자리
상처 난 잎
먼지를 턴다
쓰디쓴 맛
하얀 피
이곳의 남채

상처

까만색 비틀어진
곪아버린 덩어리
고통스러운 향기

비료 그릇은
상처를 달래며
고랑을 누빈다

비가 준 선물인가
인간의 기대
욕구의 끝인가

발자국 소리

밥 달라
약 달라
하루에도 서너 번씩
만지고 달래도
매일 아프단다
비 맞아 춥다고
햇빛에 덥다고
하루라도 찾지 않으면
자기는 금방
삐친단다

메아리

마주본 호박 줄기
봉황그림 같아라
천군의 옥수수 대
꽃을 피워서

달콤한 사탕발림
목 놓아 울부짖는
봉황 주인들
차라리 호박 줄기
네가 좋아라

농사

지난해 생각하며
올해농사 준비하였더니
손님들이 장사진이라
판단이 흐려지네

고추에 영양실조 손님
애호박에는 무름병 손님
방울토마토에도
지나친 비로 상품성 없어

비야 비야
내 고추 꽃잎을 털지마라
병든 몸체 나들이 경비
네가 씻어 물고가누나

고구마 줄기

아작 소리 내며
귓속을 방황하고

장마 덕에 찾아온
문구병 손님
땀방울 값없어라

복분자 한 컵
손에 잡고
엉덩이춤을 추는
아이가 웃음 짓는다

낙과

내려앉는 비
움직이는 발
떨어진 꽃잎
따내는 낙과
텅 비는 마음

농부

밤나무 밑으로
파도가
넘실댄다

고추밭에서는
죽순처럼
가지가 피어나고

먹지도 않은
상추는 꽃대가
피어나니

농부의 하루는
마차를 탄다

손가락

억센 손끝에 피어난 남새들이
여기모여 생활하며
아침이슬 빨아들여 꽃을 피운다
고장 난 호미자루 주인은
석양의 산허리에 걸치고
고추밭 고랑사이로 기어오는
불의 계절을 반긴다
이른 여름의 바람을 타고
산새들은 꽃을 따러 날아오르고
구부려진 손가락의 주인의 이밭
물 흐르는 자락으로
옮기려 날개짓이다

오후

가진 것 없는 나에게
찾아온 계절
늦은 애호박 나를 보고
웃는다
떡잎 지는
고구마 순을 보니
줄기가 실한 것이
가을이구나

반월도

어부의 땀 뗏배 위 해산물
얼마 전 육지로 간 새끼 생각에
새벽안개 속에서
하얀 입김 솟아올라 물을 건넌다
반월도의 뗏배는
추억의 뒷길로
굵은 땀방울 싣고 떠나고
철재 덩어리 큰 배 반월호
갈라지고 굳어진 손들이
조개 굽고 삼겹살 구워
반월도 잔치하네

맹아주

하얀 뿌리 뽑던 그 터는
백설을 베개로
건너던 개울을 깊은 얼음판
밑으로 물소리만 들린다
맹아주 푸른잎 나물이라
잡초 동무 했으니
그 밭에는 언제나
갈 수 있으려나
"서산에 해는 매일 지는데"

가위소리

세밑 촌로들의 복덕방
삶에 찌든 민초의 한숨소리
구부러진 허리 붉어진 관절
째깍 째깍 흰색 검은색
바닥에 떨어진 한해의 세상
가슴속은 내년의 농사
날아오는 공과금 한숨과 땀으로라도
메울 수가 있다면...

2장

겨울 장터

번뇌

한해는 뉘엿뉘엿
해의 턱에 걸려있고
찬 서리 내리더니
첫 눈이 오려나

반복되는 세상살이
고달프고
더워라 외치더니
손발이 시리구나

찬바람 불어대며
한 해는 지나가고
아무것 한 것 없으니
무지한 삶일 뿐
동창에 새해 뜰 땐
흰 머리만 늘어나리

메주

검은태 메주콩
더운 김에 익어가고
노인은 해가 뜰 때부터
고양이 마실갔다 올 때까지
불을 살핀다
구수한 된장 맛을
이어가는
메주는
아랫목에
볏짚을 깔고
잠들어있다

거제도에서

한해의 끝에
애마를 목욕시키고
큰 뭉치 뒤에 따라가니
흙탕물에 젖는구나
초야에서 구르다
세상으로 나가니
온갖 불빛에 눈은 시리고
별빛에 거제도 다리 건너니
누군가 달려오는 것 같아
대우조선 앞에서
토해내는 사람들
기다리는 사람 있어
어디론가 달린다
바람에 묻어오는
소금의 향기
바다바닥에서 지내던
생선들 눈앞에 놓여있네

겨울장터

불 위에
올해의 수확이 익어간다
빙글빙글 돌아가는 통속
검은태 어지러워

하얀 떡가루가
바닥에 얼어있는 날에
노인은 잔돈 부스러기 벌러
새벽을 장터에서 열었다

뻥이요 뻥
아이 어른 모여
미소를 띄운다
초겨울의 시골장터
늦은 오후를
즐기고 있나보다

만월

보름달 오르면
달불에
불을 붙인다

만월에
한탄강의 어름치는
물속바위 밑에 숨고
인간은 풍요의 만족함에
달지게를 진다

백령도

봄바람
허리를 감아 도는 곳
고추밭 이랑을 낸다
잎 떨어진 밤나무 그늘
깨어지는 연기 틈으로
백령도 물속 생각
바람을 밀어 내며
돌멩이를 뜯어내며
그때 군생활 생각에
하늘을 본다

2010년 첫날

눈가래로 길을 연다
09년 허리 꺾인 삶은
일어날 것인가
부소천가 옹기종기
꽃은 피는가

1월의 장터

산 넘고 고개 넘어
자리한 장터
눈 밑에서 피어난
냉이 씀바귀
할머니 보따리에
메밀 봉투
청국장 친구하며
산 넘어 간다

뱃살

얼음바람
콧구멍 드나들 때
싫다 싫어
봉긋 솟은 봉오리
새벽이면 봉오리는
드높다
아침 가을이
즐비한 곳
봉긋 솟은 봉우리
나를 괴롭힌다

자존심

세월에 구부러진
저 나무
이놈의 팔 다리 같고
생김새 그대로 쌓아진 돌담
너는 나의 몸뚱아리

길가 톡 불거진 돌덩어리
생고집 나의 마음

겨울바람에 흔들리는
억새꽃
나의 자존심 같아라

59년

올해는 꼭 가자
59년이 지났다
KTX 창밖으로
지나는 세월
거기가면 잘 산다기에
부모형제 철원 땅에 묻고
이제야 찾은 고향 집터
대나무만 무성하다
바다 바람 불어
옷깃을 여민다

자갈치

남태평양
북태평양
좌대위에 누워있고
민어조기 바람 맞아
아줌마 불러댄다
뱃고동 소리에
하늘에 걸린
둥근달 아래
오이소 보이소 사이소
소리

은행잎 바람 따라
가을이 기운다
낙엽의 울음소리
아낙네의 겨울준비
분주해진다

대머리 춤

손님이 들고 온
발 달린 대머리
국수그릇 안에서
빙글빙글 돈다
푸른 대파 먹물 옷 입고
춤을 춘다

정상

산봉우리
오르니
까치소리
시끄럽구나
계곡물 시원하다
소문 들었는데
뒤 돌아선 머리 속
절벽이구나

기대

들꽃이
아름다와지려나
향기 나려나
가까이 얼굴을 대니
가시가 있네

새끼소리

당신이 심은
봉숭아 꽃
비가 온다고 걱정이네
꽃잎 손톱 물들여
저승길 밝일 텐데
처마 밑 양동이
낙숫물 소리
먼저 간 새끼소리
부르는 소리

생명선

모래밭
뿌리내리는 당신
목마른 줄기
시멘트 하늘로
팔을 젓는다
큰 잎 지붕삼아
뻗어 나간다
간간이
죽을 주면서
오후
밤나무 밑 도시락
늙은 글쟁이 죽통 안
밤꽃이 찾아오네

연기

쓴바귀 꽃 노랑물결
뿌리김치 맛있다고
웃는 너의 얼굴 같아라

찔레꽃 만발하고
고추 꽃도 피었으니
너는 대문을 밀려나

연기로 떠나간 너
마음으로 환송하니
꿈엔들 하늘이구나

너를 본다
매실나무
잎은 무성한데
환하게 웃는 얼굴
보고 싶어라

노지

취나물 억센 대롱
날갯짓 꿀벌
익어가는 초여름

초록빛 야생뽕
매달린 오디
재롱꾼 다람쥐

포기진 배추밭
웃음 진 얼굴
풍성한 형제들

호미질 깨밭
노리는 비둘기
구수한 냄새

야미리 고개

새벽안개 틈으로
산양의 노래 소리
연무가 흘러가는
아침을 노래한다
울타리 안의
공포를
울부짖는다

알밤

하늘에서 알밤이
떨어진다
소똥을 나르는
삼륜 리어카 안에
떨어지는 알맹이
소리에
졸고 있는 글쟁이
무릎 위에 앉은
고추잠자리 놀라서
날아가는구나

머리

길가의 코스모스 머리는
한쪽으로만 핀다
해바라기의 머리는
클수록 머리를
숙인다
사람의 머리
크면 클수록
좌우로 흔들어댄다

9월의 방아

쿵 쿵 울린다
세월의 못이 박인
손바닥
고춧가루 냄새를
만진다
9월의 방앗간에
들깨 기름이
꽃을 피우고
참깨의 고소함은
늙은 주름을
편다

둠벙

갈잎에 숨은
물잠자리 쳐다보는 눈
청개구리 호박잎 위
안방인 줄 아나봐

용두래질을 하는
그 밑에
우렁이 미꾸라지
내 고향 시골

산

흰색 마스카라 떨어댄다
파도소리 바다인가
말 달리는 소리일까
설꽃이 만들어내는 화음
상고대 보다가
솜이불 덮는 그대

사람소리

목초액 콩나물
천원이요
자생 매실 액기스
이천원이요
한탄강 안개속
돌배 삼천원
팥죽 한그릇
천원입니다
장터는 그래도
소리가 난다

명성산

등룡폭포 물안개는
솔향기를 밀어대고
긴 창 휘두르는 이
죽어간 날
산새들이 슬퍼해
명성산이라
억새가 울어대는 밤
울음산의 나무에서
딱다구리가 기타를 친다

한탄강

오리산 용암
흘러 흘러
현무암 협곡
그 옛날
기우제터 화적연
그 속에 긴 겨울잠의 동물
봄을 기다리고
흐르는 강물은
세월을 밀고 간다

3장

수술환자 대기실

비

창밖으로
마음속에 파문을 일으키는
물방울들이
여울을 건너며
떨어지고 있다

만날 수 없는
하얀 건물에
멀뚱멀뚱 눈만 굴리고 있을
그대
남의 가슴에
못을 박는
살덩어리여

내리는 이 비에
번뇌의 고통을
실어 보냈으면

장애

휠체어 위에서
마이크를 잡은 장애인
목발에 힘을 주어
산을 오르는 사람

고무호수로
밥을 먹는 여자도 있으니
표시도 나지 않는
장애로 구덩이를
만들어 가나

마음을 바꾸면

오작동이 일어나
생전 해보지 않은
일을 하는구나

마디 생긴 딱딱한 손이
너의 말 한마디에
촛물처럼 녹는구나

만약에 그때 네가
나에게 힘을 주지 않았다면
슬픔을 희망으로
바꿀 수 있었을까

석양

앞만 보고 달려온 날들
당신이 아파하는 줄도
모르고 지났다오
세월 따라 가는 나를
당신이 앞서
가시밭길을 트고 있는 줄을
지금 알았으나
늦은 것 같소
풍악소리 즐기다가
문득 석양을
넘어가는 해를 본다오

삶

신이 조각한
너와 나의 삶
공간속을 걸어온
지난 일들
언제나 고통을
품고 있는 조그만
마음을 안다
숨이 턱에 차는 과정이
숨어있는 순간
바람을 잡아
작은 가슴에 담는다

수술환자 대기실

기다리는 시간은
마음의 길을 막는다
사람의 소식을 알리는
전광판에 박힌 눈은
촛물이 녹아있는 마음

지나온 세월 풍진이라
푸른 앞날을
약속할 수 있으랴

장례식장

퇴원 창구에 접수된 서류
리무진을 타고 가는
혼자 누워 가는 길
검은 리본은
공허 위를 걸어간다
포장 높은 차에서
내린 화환
검은 리본을 목에 걸치고
밤의 손님을 허리 숙여
맞이한다
요란한 소리를 내며
오토바이 뒤에서
떡 상자가 걸어 들어간다
그가 가는 길은
주막조차 없는 길
요란한 걷는 소리만
들린다

원자력 병원

모래, 자갈 덩어리
벌어진 틈새
가을이 왔네
드르륵 카드를
밀고 가는 사람
머리 위 물병들
생명을 이어가는 병
내일 퇴원, 한마디
억고의 짐이
가벼워지네

수병

목화꽃 이불 덮고
편히 가세요
엄마의 팔을 베고
아내의 가슴에 안겨
모두를 두고 가야만 하였던
그 때 그 시간 상상합니다
당신들은 백목련의 품에서
다시 태어나리라

아침얼음

우리는 적당한
간격을 두고
살아온 30년
아침머리 창틀에
얼어붙은 고드름
어제 저녁 그냥 둔
국자에서는
얼음덩이
그래도 손 씻는 소리
지금은 김나는
국이라도
감지덕지네

옻닭

따르릉 재천이란다
거제도 사람도
같이 온단다
잠시 뒤 무선소리
옻닭이 먹고 싶다고
3시간이면 온다고
1월 1일 거제도 사람들
풍선 눈이 되어있다
쏟아지는 하늘의 눈
처음 본다나
옻닭 한번 잘 먹은 것 같다

고통

시간의 고랑을 파고가는
쿵쿵거리는 무게가
가슴에 쌓인다
차라리 그것이 눈이라면
싸리빗으로 쓸어대지
여물 먹을 때 유일하게
말 걸어주는
눈꽃 같은 사람이여
고통을 안고 가는
너와 나의 삶
청보리가 넘쳐나는
그날을 기다려보자

포크와 가을

네가 무슨 소용이야
농부의 아내
가을의 매운 고추
여인은 포크로
바람에 실어오는
세월을
밀어낸다
청양고추의 맛에
낯선 객이
손을 벌린다

손자와 이유식

죽 그릇이 보인다
빨고 있는 사과는
방바닥에
떨어지고
양손은 허공을
휘젓는다
손에 쥔 숫가락
얼굴을 도배하고
발은 죽 그릇
속에 있다

지나온 길

맨발로
엉금엉금 기다가
막힘없이 달렸다
잘난 체 하는 듯
올빼미 놀이는
젊음을 실어 옮기고
이제
막히면 돌아가고
힘들면 쉬어 가누나

힘

화장실 보면
걸치고 싶어

속내 솥아 붙는
시원함이여

닭 우는 소리
바삐 가누나

고통

하얀 덩어리 한 알
거짓말 같다
나 아퍼 고함친
뼉다구
술에 취했나
등에 걸터앉은
약 뿌리게
약 먹은 줄 아는가봐
무게는 간 곳 없고
발걸음 가볍다
내 마음 한 알
덩어리보다
못한가 봐

폭염

단내가
입에서 흐른다
목구멍에서는
공기를 달라 하고
발 밑 흙바닥
가마솥이니
솔향 묻은 한숨바람
기다리다
지치네

풍선

단단한 길을
걸어 왔다
억센 지팡이
잡고서

밤새 여인이
찾아와
손짓하며
자꾸만 웃는다

풍선 위를
휘적거리며
돌아다닌
나를 느낀다

그림

양손에 붉은 딸기
흰옷에 그린 그림
꽃같이 아름다워
쓸쓸한 유모차
뒤뚱대는 주인
할애비 나타나면
팔 벌리고 매달려
메리야스에
네가 그린 붉은 흔적
세상에 둘도 없어

아들

뒷산을 쳐다보는 노인
때가 되면 모여드는
새끼들
해의 턱에 걸려있는
나이
연기로 돌아간
아들을 기다린다

붉은 고추

가을이 저물어 가는 들판
노인과 나는 손발이 맞다
말하지 않아도 서로가 안다
몸은 불편하지만 일을 할 수 있어
행복한 것이다

스물거리는 병원의 약속
나물을 삶는
아궁이 안의 밤은 깊다
약속을 잊으려 머리를
흔들어 대며
붉은 고추를 만지작대며
바람을 마신다

벌초

당신의 집을
깎습니다
우리들을 만들어 주고
세상의 공기를
마시게 해준
당신의 머리를 깎으며
우리들에게 해준
당신이 우리에게 준
행복을 만집니다
당신이 주는
따스한 햇살을
마음에 담습니다

나뭇가지

지워지지 않는
하늘이 준 하얀 이불
올 겨울은 노인에게
힘들다

늙은 노인의 앞산
저녁노을에
나뭇가지에 걸터앉은
둥근달
이리오라 손짓하나
멀리만 간다

은수저

할머니는 멀찍이 서서 따라가지
않으려는 소를 보니 그동안 정이 들어버려
자식이 끌려가는 것 같다
차마 보지 못하고 기둥 뒤로 숨는다
어미소도 새끼소와
가격은 같단다
새벽이면
할머니를 보고 벌떡 일어나는 소
할아버지는 그날 은수저를
할머니에게 밥상머리에서
건네준다
할멈 그동안 소 키우느라
고생 많았소

동치미 한조각

손가락 마디마다 울퉁불퉁
당신의 기형적인 손
무우밥 뒤적거려 가족 우선순위로
퍼주다 당신은 누룽지 무뿐
거북의 목 주름살 같은 손등
무우청 나물의 보리쌀 한주먹
아사 직전의 식구들 구해낸
당신의 딱딱한 손바닥
지 잘났다 떠나보낸 새끼들
엄동에 동치미 한 조각 베어 문
당신의 입가 웃고 있는 것 같아
쳐다보는 자식 잘 곳이 없소

아리송해

고 것 사와
노란 주전자 같이
양동이 같고 강아지 밥
남비에 끓여 가지고 들고
가는 것이 힘들어
강아지도 빨리 달라고 덤비지
양동이도 아니고
주전자나 남비도 아니고
손잡이 있는 것으로 연탄불에
올릴 수 있는 것으로 노인의 주문
무엇을 구입하라는 것인지

빈 깡통

바란 소린가
빈 쌀독인지 오래고
아궁이 불 꺼진지 모르는데
방바닥을 통한 소리
달그닥
내용물 떨어진 빈 분유통
아장아장 걸어간다
이웃집 새댁이
바람을 등에 업고
자기 아이들 분유
덜어주고 간다

몸뚱아리

산에서 내려온 태양은
설판대지를 붉은 색으로
수북한 설판을 세발 달린
까만 눈들은 종일 헤매이다
둥지를 찾아간다
새벽에 챙긴 연탄 아궁이는
그 생명을 다 하였는가
연기가 없다
노구를 쉬게 할 곳을 위해
연탄집게를 찾는다

구정

설날이 언제고
많이 하지마라
물가도 비싼데
아이들 온다 카드나
둘째 아기 백일은 언제고
90세가 가까운 노인은
증손자 증손녀가
기다려지나 보다
많이 하지마라
다 죽고 올 사람도 없는데

기다림

하늘로 올라가는
한숨들
국내산 수입산
이 핑계 저 핑계
물 건너온 제사상
며느리 중국산
미국산 밥
붕어빵 안의
팥은 월남산
밀가루는 러시아산

얼음위의 오토바이

저기를 가려면
하얀 꽃을 보려면
돌아 돌아
가야 하지만
얼어있는 강위로 간다
저기 온다 오토바이
흰 머리의 노인은
반긴다
자식들에게
보낼 편지를 들고

목소리

휑하니 부는 바람
골목길 리어카
하나 둘
생겨난다
붕어빵 핫도그
나는 아직
일할 수 있어
가족도 있어
그들은 소리치는 것
같은 목소리

4장

난지도

난지도

도시의 부산물이
잠들어 있는 곳
코를 막고 뛰던
그곳이
맹꽁이 물새 떼
놀이터
부산물이
자연으로 돌아가
꽃을 피우고
생명의 끈을
이어 가네
쓰레기가 작은
징검다리를
놓고 있네

습지

산정호 전차 사격장
5천년 태고의 습지
인간의 욕심에
전차는 달린다
습지 1m에 쏟아 부은
화강암 15트럭
사격장 구석구석
양심을 묻었네

그늘

산기슭 고장으로
자갈을 파며
앞에서 끄는대로
세상을 구른다
빛이 내리는
그 터를 그늘삼아
삽으로 땅을 그린다

먹물

소똥 뒤적이던 팔
붓 놓은 시간 낙엽 지던 때
바람에 한지 날리지만
다시 붓을 들 손목 아리고
가슴에 먹물뿐이네

사대강

토마토 심고 배추 심어
어린아이 키우고
대파를 트럭 가득
적재하던 시절은 간다
흙냄새로 살던
농부는 새로운
직장을 찾아야만 한다
물가에서 헤엄치고
숲을 집 삼아 놀던
동물들은 멸종이다
모래와 자갈은
회색 건물로 태어나
햇빛을 가릴 것이다

수목장

때론 동무같이 따라다니고
반갑다 뒹굴던 너
어디서 무엇을 먹었나
괴로운 몸부림
쥐 한 마리 잡아서
자랑하더니
입으로 거품을 내는구나
저녁에 너를
밤나무 밑에 묻으며
따뜻하게 대해주지 못한 마음이
나를 괴롭힌다

그림자

갈라놓은 사각판 안
희미한 그림자
인생의 내리막길을
그린다
출렁이는 종이 위에서
허우적대는 붓
산허리에 걸린 시간
눈은 감긴다

독성

덩치 큰 그늘
차단된 빛
바람이 안고 온
선물을 반기네
깊이 뿌리 내리려
온갖 정열 바치니
몇 가닥 잎새
숨을 고르네
나의 붉은 잎
하얀 액체
날카로운 발톱
내일을 기다린다
상처

한 구멍

누군가 말했나
한 구멍 가지고 놀아야 한다고
무식한 탓에 십여 년
한 구멍 즐긴 탓에
세월은 가고 고통이 친구했네
이 구멍 같이 할 땐
힘들고 고통스러워
두 구멍에서
세 구멍으로 바꾸니
등에 진 무거운 짐
하얀 액채
시원하게 내뿜네

욕심

새야
고추밭에 앉지마라
호박꽃에 맴도는
벌 친구해 놀아라
가지 잎에 집을 짓는
딱정벌레 날아라
오늘은
약 치는 날이란다

호박

초봄 설한
바르르 떨더니
땅속 깊이
뿌리를 내렸구나
노랑 꽃 만개해
파란 열매 달았구나
밤낮으로 내리는 비
손님으로
사귀는구나

파밭

저를 만들려고 노력 하였나요
추운 초봄에 찬바람도
당신의 손길에 따뜻했어요
부소천 가는 골에
밤손님 친구해 지나간 밤
새벽이슬 영양제라
힘차게 받아들였소
때로는 네 발굽의 친구들이
애무해 주던 보금자리
이제 떠나야 하나봅니다
당신이 싫다고 나를 뽑아가라
숨 막히는 봉투 속에 들어가
멀리 이사 간다오
다음에 씨앗 되어
이 밭에 다시 돌아오려오

하구 뚝

갈길은 먼데
흐르지 못하는구나
그곳에는
짱뚱어 집개가
기다리는데
고향으로 돌아가야
흐르는 물길 막혀
마음만 흐르는구나

갯벌

바다인들의 목장
꼭 조여드는 고무안에
다섯 발가락
생명을 주우려
갯벌을 누른다
좁아지는 농장
주름진 마음안에
한숨이 쌓인다

생명의 땅

산정호 시린 바람
한탄강 붉은 바람
부소천 물가
억새의 풀밭에서
생명의 꽃을 피운다
가는골 언저리
흙을 만들어
땀을 뿌린다

정기모 시집 서평: 자연과 인간의 길항관계

박정근
(문학박사, 평론가, 한국 셰익스피어 학회 회장)

I

정기모 시인은 경기도 포천에 사는 농부시인이다. 그는 오랜 군생활을 마치고 은퇴하여 제2의 고향인 운천에서 농사와 낚시를 하면서 시와 그림을 즐기고 산다. 시인이 하사관으로 군인의 길을 걸어왔다 하더라도 그에게서 군인이라는 직업상 가지는 경직성을 찾아보기 힘들다. 오히려 삶의 고통을 특유의 풍자와 절제로 극복하고자 예술적 장르에 문을 두드리고 있다. 그가 운영하는 상점의 한 구석에는 묵화를 그릴 수 있는 간이 화실이 있다. 그는 운천을 둘러싸고 있는 수많은 산야를 수묵으로 독특한 시각으로 자연을 그리고 있다. 또한 그는 그림에 못지않게 시에 대한 정열이 남다르다. 마치 삶의 우여곡절을 겪으면서 그 의미를 찾기 위해 마치 구도하듯 시에 매

달리고 있다.

정기모의 시세계는 견실한 사실주의에 근거한다. 그가 전원생활을 한다고 해서 자연의 아름다움을 감상적으로 예찬하는 시는 찾아볼 수 없다. 그가 시적 소재로 삼는 자연의 사물에는 자연 그 자체보다는 그 사물을 관계하는 인간의 손길과 감정이 개입된다. 그가 농부로서 함께 고락을 함께하는 고추, 콩, 토마토 등에는 인간적인 땀과 노고가 들어있다. 그는 그 자연물에 시인의 감정을 이입하고 희노애락을 절도 있게 재현한다. 그러므로 그가 전원과 자연을 다룬다 하더라도 결코 도회시인들이 전원에 대한 동경에서 노래하는 전원시와는 완전히 맥을 달리하는 사실주의적 시가 될 수 있는 것이다.

정기모는 사실주의자로서 감정을 최대한 절제하고 있지만, 객관적인 시선 아래에는 자신을 둘러싸고 있는 자연에 대한 휴머니즘이 자리하고 있다. 농부이자 서민으로서 삶의 고통이 종종 침투하고 술을 좋아하는 그를 걱정스러운 눈길로 바라보고 있는 아내에 대한 깊은 애정도 많은 시에 묻어나온다. 또한 그는 자타가 인정하는 낚시의 고수이기도 하다. 그의 시는 낚시를 하면서 물고기를 낚는 강태공 같은 고고함과 서정도 지니고 있다. 하지만 그는 시를 특별한 영감에서 쓰기 보다는 그가 일상생활을 하면서 느끼는 소탈한 소시민적 느낌을 짧은 단시로 옮겨놓는다. 그가 좋아하는 시의 틀로서 단시는 일상에 대한 사실적 묘사를 탄탄하게 응축시키는 효과를 낸다. 그는 자칫 초보자들이 범하는 과도한 수식이나 시어의 나열을 피하기 위해 단시를 효과적으로 사용한다고 본다. 이제 정기모가 두 번째 시집을 내면서 첫 번째 시집으로부터 한 단계 뛰어넘어 자기만의 사실주의적 전원시와 자연주의적 서정시의 독특한 세계를 구축하고 있음을 보여주고자 한다.

II

정기모의 사실주의적 전원시는 그의 날카로운 관찰력에서 시작된다. 그의 전원시의 배경은 엄청난 숲이나 평원이 아니다. 운천에 있는 그의 집 뒤뜰에 큼지막한 밭이 있으며, 그곳에 철마다 고추, 토마토, 콩, 파 등을 심는다. 그는 자신이 땀을 흘리며 경작하였던 작물을 단순한 채소라는 농산물로만 여기기 않는다. 그 채소들이나 그것들과 함께 지내는 고양이에게 인간적인 감정이 흐르는 것을 시심으로 잡아낸다. 텃밭에 초겨울 한파가 밀려오자 갑자기 파장이 된 장터인양 무언가 한기를 느끼는 시인은 생기를 잃은 배추밭의 움츠려든 사물들에 대해서 객관적인 시선을 가져간다. 시인은 한파라는 자연적 기후변화에 의해서 급격하게 변화된 모습을 사실적으로 그리면서 "배추밭에 내린 한파주의보/파랗게 질린/대파고랑 틈/웅크린 고양이는/발이 시러워라"('한파' 부분)라고 노래한다. 그의 시는 한파가 가져온 생명체들의 위축된 모습을 순간적으로 포착한 스냅샷 같다는 느낌을 주고 있다. 시인은 이러한 사실주의적 사진 찍기 수법을 '첫눈'이란 시에서도 적용한다. 흰눈으로 덮인 김장배추를 "이불을/뒤집어쓰고" 있다고 표현하고 큼직한 무들도 "팔뚝 무/비닐을/지붕 삼았다"라고 담백하게 그리고 있다. 하지만 정기모는 자신과 함께 계절의 애환을 함께 해온 사물들이 마치 자신이 살아온 삶처럼 팍팍하면서도 정겨운 농부의 표정과 오버랩 시키면서 독특한 서정성을 물씬 풍겨주기도 한다. 콩깍지나 고추대는 이제 결실을 인간들에게 다 주어버리고 버려지는 물질로 마치 긴 노동이 끝나고 파김치가 되어있는 자신의 모습을 보여주는 것이며, 그 모습이 애처로워 가슴이 뭉클해지는 것이다.

콩깍지 고추대
아지랑이 피는
가마솥 위
세상살이 꽃

그는 매운 연기에
마음을 찡긋
거린다
('매운 바람' 부분)

시인은 그의 시적 카메라의 앵글을 자신이 몸담고 있는 시골의 일상생활을 향하여 돌리기도 한다. 그의 눈에 잡힌 평범한 시골장터의 장면은 시인의 풍자적이고 유모스러운 터치를 거치면서 휴머니즘이 담긴 시로 발전한다. 시골의 장날은 조그만 축제이고 오랜만에 노동에서 해방되어 작은 일탈의 즐거움을 느낄 수 있는 시간이다. 또한 농부들이 그동안 힘들게 키운 농산물을 팔아서 달콤한

먹거리나 생필품을 살 수 있는 돈을 손에 쥘 수 있는 시장이 열리면 그들의 작은 가슴 속에 소박한 축제정신이 꿈틀거린다. 시장이 열리는 날이 어찌 즐겁지 않겠는가. 시장바닥이 아무리 추위에 얼어붙었어도 그곳에는 떡가루가 흩어져있고 그들이 즐기는 값이 싸고도 입맛을 돋우어주는 '뻥 튀기'의 소리가 마치 축포처럼 울려 퍼진다. 사실 시골의 시장에서 벌어지는 작은 거래가 얼마나 부의 축적을 가져올 수 있겠는가. 그러나 시인의 사실주의적이고 서민적인 시선은 시골 시장의 일상적이면서도 인간적인 분위기를 담담하게 그려낸다. 이런 시인의 관조적 관점은 어쩌면 별로 큰 재미를 줄 수 없는 장면에 대해서 잔잔한 미소를 던지며 다가서는 시골사람들의 일상적 축제를 객관적 시각으로 노래하는 것이다.

하얀 떡가루가
바닥에 얼어있는 날에
노인은 잔돈 부스러기 벌러
새벽을 장터에서 열었다

뻥이요 뻥
아이 어른 모여
미소를 띄운다
('겨울 장터' 부분)

정기모의 시는 농부시인으로서 농촌가정에서 흔히 볼 수 있는 장면을 짧은 시귀를 구사해서 시로 발전시킨다는 특색이 있다. 어쩌면 너무나 당연해서 놓칠 수 있는 이미지를 본능적으로 잡아내는 감수성이 돋보인다. 다른 사람이라면 그저 넘겨버릴 수 있는 일상의 장면을 포착하여 시로 발전시켜 나가려는 노력으로 연결된다. 한국의 가장 전형적인 음식은 된장이고 그것의 재료는 메주이다. 이전에는 각 가정마다 마루에 대롱거리던 메주의 모습은 낯익은 이미지이라서 눈만 감으면 떠오르는 장면이라고 할 수 있다. 각 가정은 메주를 띄우기 전에 각 집의 아랫목에 애지중지 모셔놓곤 하였다. 시인은 메주가 누워있는 모습을 마치 아랫목에 누여놓은 아기처럼 묘사한다.

구수한 된장 맛을
이어가는
메주는
아랫목에
볏짚을 깔고
잠들어있다
('메주' 부분)

시인이 자신이 사는 마을의 계절적 상징을 시에서 표현하는 것은 자연스럽다. 그는 늦가을에 추수를 마치고 늦가을에서 초겨울로 들어가는 길목에서 어지러운 추수의 뒷자리나 여분의 잔해물을 태우기 마련이다. 그러나 그 잔해물들은 시인이 여름내 정성을 다하여 가꾸었던 생명들이다. 아무리 열매를 인간들에게 내어주고 역할을 다하였다고 하지만 시인의 가슴에는 여전히 그것들에 대한 잔잔한 기억들이 잔존해있다. 시인은 가을을 풍요롭게 장식했던 것들이 불에 타는 모습을 가을 자체를 태우는 것으로 인식한다. 밭마다 빨간 고추를 자랑하듯 매달았던 고춧대는 이제 무용지물일 뿐이다. 고추라는 선물을 농부들에게 남기고 자신은 불에 태워야 하는 고춧대에 대한 시인의 느낌은 남다르다. 가을의 위대성은 풍요의 결실을 내는데 있으며, 그 결실에는 아이러닉하게도 희생물이 뒤따르는 것이다. 시인은 계절이 끝나가는 아픔의 증후들을 시를 통해서 "단풍잎 고춧대/가을을 태우고/뽕나무 잎은/가을소리를 낸다"('늦가을' 부분)라고 노래한다. 계절을 넘어가는 모든 생명들은 나름대로의 의식을 거행한다. 범인들에게는 들리지 않는 뽕나무 잎도 가을 소리를 시인에게 들려줄 수 있는 것이다.

일명 농부시인이라고 할 수 있는 정기모는 직접 재배하는 고추농사에 관련한 여러 편의 시를 지어냈다. 그는 고추를 재배하여 생계를 이어가면서도 이를 통해 자연에 대한 무한한 사랑을 표현한다. 농부로서 어쩔 수 없이 고추에 농약을 쳐야하는 자신의 행위가 자연에게는 부정적인 영향을 끼치는 것에 대해서 '욕심'이라고 자신을 정죄한다. 자신이 친 농약이 고추밭에 앉은 새에게 극약이 될까 두려워 호박꽃과 노는 벌한테 가라고 애정 어린 충고를 한다. 고추 잎을 생의 터전으로 하고 있는 탁정벌레에게 사전 경고를 날림으로써 자신이 어쩔 수 없이 농약을 칠 수밖에 없는 상황에 대해서 속죄하는 심정을 표현한다. 자연을 사랑하는 시인이 생계를 위해서 재배하는 고추를 살리기 위해서 필요불가결하게 농약에 의존하는 행위에 대해서 일종의 심리적 분열의 고통을 일으키고 있다고 보아야 할 것이다. 그러나 그는 시인으로서 자연에 대한 생래적 사랑을 고백하고 자신의 행위가 자연에 최소한의 피해가 되기를 기원하고자 하는 것이다.

새야
고추밭에 앉지마라
호박꽃에 맴도는
벌 친구해 놀아라
가지 잎에 집을 짓는
딱정벌레 날아라
오늘은
약 치는 날이란다
('욕심' 전문)

사실 농부의 마음은 사시사철 바람 잘 날 없다고 보아야 한다. 특히 장마가 오면 농작물에는 각종 병이 나돌아 그동안 농부들의 수고를 무효화시키기에 불안을 떨쳐버리지 못한다. 시인은 '농사'라는 시에서 비가 오면 작물에 생기는 병들을 사실적으로 열거한다. 그는 "고추에 영양실조 손님/애호박에는 무름병 손님/방울 토마토에도/지나친 비로 상품성 없어"라고 푸념어린 어조로 노래한다. 시인의 노래는 마치 자연의 재앙이 있을 때 자연신에게 손을 빌며 구원의 손길을 내밀었던 주술사들의 말들을 옮겨놓은 듯하다. 고추를 재배하여 일생생활의 경비를 얻는 농부들의 가슴은 빗소리에 타들어가며 자신의 삶을 지탱하기 위해서 빗줄기가 멈추어야 한다는 간절한 심정으로 탄원하지 않을 수 없는 것이다.

비야 비야
내 고추 꽃잎을 털지마라
병든 몸체 나들이 경비
네가 씻어 물고가누나
('농사' 부분)

정기모를 농부시인이라고 부를 수 있는 근거는 그의 시심이 농사를 짓는 농부의 마음과 일치하기 때문이다. 농부는 날씨에 따라서 크게 영향을 받으며, 농사에 부정적인 날씨가 그들의 근심과 걱정을 좌우하기 마련이다. 가뭄으로 논에서 작물이 타들어 가면 농부의 마음도 함께 타들어간다. 자신도 모르게 하늘을 쳐다보며 기우제를 지내는 제사장의 마음으로 기도한다. 홍수가 나면 기껏 키워놓은 농작물이 물에 잠겨 썩어가거나 병충해로 죽어가면 농부의 마음도 자연히 썩어버려 자신의 마음속에 독한 농약을 뿌리고 싶은 마음이 생긴다. 시인은 비가 너무 내려 과수원의 과일이 낙과로 떨어지거나, 상품이 될 수 없을 정도로 물러터져 가는 과일을 따는 농부의 마음을 읽어낸다. 마치 병으로 죽어간 자식을 묻는 심정이 되어가는 농부의 아픔을 지니고 있는 것이다. 그 뼈저린 아픔을 이해하지 못하는 자는 농부가 될 수 없으며 농부시인이라고 부를 수 없다. 정기모는 '낙과'라는 시에서 자신이 농부시인이 될 수밖에 없는 심정을 짧은 시 속에 표현하고 있다.

내려앉는 비
움직이는 발

떨어진 꽃잎
따내는 낙과
텅 비는 마음
('낙과' 전문)

시인은 농부시인으로서 농촌 사람들이 느끼게 되는 가축에 대해 느끼는 인간적인 유대와 연민을 지근의 거리에서 관찰하고 있다. 도회사람들은 소라는 동물이 단지 고기를 제공하는 상품에 불과하지만 농촌사람들은 인간과 소 사이에 각별한 감정이 흐르게 된다. 그들이 송아지 시절부터 먹이를 주며 길러온 소는 자식이나 다름없다. 그런데 농민들도 생활인인지라 다 큰 소는 시장에 내다 팔 수 밖에 없다. 팔려가는 소는 자신의 운명을 육감으로 느끼고 끌려가지 않으려고 발버둥 치게 된다. 이것을 바라보아야 하는 농부는 자식을 파는 양 죄의식을 느끼고 차마 소 앞에 서지 못하고 숨고 싶은 심정을 느낀다. 기껏 돈을 들여 애지중지 키워 놓은 어미소를 팔아서 가족들 생계를 이어야 하는 것도 마음이 아픈데 소가격 파동이 일어나 송아지 가격과 똑 같다는 소리를 듣는 순간 농민의 마음은 연민과 분노가 뒤섞여 정신적 혼란에 빠지고 만다. 가슴에 시커먼 멍이 들어있을 할멈에게 위로하려는 할아버지는 그저 밥상에 은수저나 놓아줄 뿐이다. 정기모는 농부시인으로 농촌에서 벌어지는 기구한 실정에 대해서 '은수저'라는 시에서 안타깝게 노래한다.

할머니는 멀찍이 서서

따라가지 않으려는 소를 보니
그동안 정이 들어버려
자식이 끌려 가는것 같다
차마 보지 못하고 기둥뒤로 숨는다
어미소도 새끼소와
가격은 같단다
새벽이면 할머니를 보고
벌떡 일어나던 소
할아버지는 그날 은수저를
할머니에게 밥상머리에서
건네준다
할멈 그동안 소 키우느라
고생 많았소

('은수저' 전문)

정기모는 농부시인으로서 환경문제에 매우 민감한 관심을 기울이고 있다. 이명박 정권하에서 대대적으로 벌인 토목공사는 '4대강 사업'이다. 강을 살리겠다고 덤빈 사업이 시인의 관점에서 바라보면 환경을 죽이는 일이라고 인식하고 있다. 강가를 파헤치면서 주변에서 농부를 짓던 많은 농부가 쫓겨 가는 상황을 "흙냄새로 살던/농부는 새로운 직장을/찾아야만 한다"고 한탄한다. 도회인들은 강가 자전거 도로를 만들어 신나게 달리는 것을 즐길 수 있어서 반길지 모르지만 삶의 터전을 빼앗기는 입장이 되어보면 이 사업이 누구를 위한 일인지 반문하지 않을 수 없다. 또한 이런 일들이 오직 인간만을 위해 함부로 할 수 있는가를 숙고해야 한다. 지구의 환경은 유기체적 관계 속에서 지켜지고 살펴보아야 한다. 특히 강가는 수많은 생물들이 모여서 사는 생명 공동체의 중심지라고 할 수 있다. 개발을 한답시고 함부로 파헤치면 그곳에 사는 생물들은 심각한 위기에 빠지고 만다. 농부로서 이러한 환경과 생태의 문제를 잘 알고 있는 시인은 4대강 사업에 대해 "물가에서 헤엄치고/숲을 집 삼아 놀던/동물들은 멸종이다"라고 경고하고 나선다. 이렇듯 정기모는 자신이 살고 있는 농촌을 사랑하고 보존해야 한다고 노래하고 있는 것이다.

III

정기모는 농촌에서 아내와 함께 다사다난한 삶을 살아왔다. 농사도 짓고 조그만 가게도 운영하는 것은 그의 아내에게는 매우 고단한 삶이었으리라. 호젓한 시골에서 정신적으로 의지를 할 자는 오직 사랑하는 아내일 수밖에 없다. 하지만 갑자기 그들의 생활에 암초로 다가온 것은 아내의 병이다. 그는 아내가 수술을 받고 치료를 받는 기간에 겪는 안타까운 마음을 시로 표현하고자 한다. 그는 병원에 입원한 후 비로소 아내의 부재 속에서 아내의 존재를 실감한다. 그리고 아내가 아무도 알지도 못하는 낯선 곳에 다가올 수술에 대해 불안을 느끼며 심난하게 기다리고 있는 모습에 대해 "만날 수 없는/하얀 건물에서/멀뚱멀뚱 눈만 굴리고 있을/그대"('비' 부분)라고 표현한다.

시인은 아내가 수술실에 실려 가고 수술을 받는 순간

에 아내가 얼마나 그에게 절실한 존재이었겠는가를 실감한다. 그녀에게 달려가서 조금이라고 고통에서 해방시켜 주고 싶은 마음이야 오죽하겠는가. 그러나 그는 수술이 끝날 때까지 기다려야 한다. 고통을 당하고 있는 아내와 함께 하고 싶지만 넘어가지 못할 경계선에서 기다려야 하는 현실을 "기다리는 시간은/마음의 길을 막는다"라고 토로한다. 가슴을 졸이며 수술의 결과를 기다리는 시인의 눈은 전광판에 못 박힌 듯 움직일 줄 모른다. 아내가 회복하여 일어나기를 기도하는 마음은 비로소 솟아나는 사랑의 촛불로 뜨겁다. 그는 이 순간 그녀를 사랑하는 절박성과 뜨거움을 "사람의 소식을 알리는/전광판에 박힌 눈은/촛물이 녹아있는 마음"('수술환자 대기실' 부분)이라고 노래한다. 다행히 아내의 수술은 무사히 끝나고 걱정과 근심에서 벗어나 퇴원할 수 있게 된다. 시인은 퇴원을 하고 병원을 나서는 기분이 엄청난 억겁에서 벗어나는 해방감을 느낀다고 밝힌다.

머리 위 물병들
생명을 이어가는 병
내일 퇴원, 한마디
억고의 짐이
가벼워지네
('원자력 병원' 부분)

한국사회는 유교적 전통 아래 가부장 제도에 익숙하였고, 아내가 아무리 고생해도 애정표현을 삼가는 것이 남편의 체모를 지키는 것이라고 보았다. 시인 또한 그러한 유교적 이데올로기를 자연스럽게 받아들였기 때문에 아내의 희생이 당연하거나 그녀가 인생의 가시밭길을 걸어가는데 더 능숙하다고 보았다. 그래서 그녀야말로 항상 건강하고 시인의 독선이나 낭만적 기질을 모두 수용해줄 수 있는 해면체 같은 존재로 인식하였던 것이다. 그러나 그런 강한 존재가 마치 서산에 지는 해처럼 갑자기 기울기 시작하였다는 것을 깨닫는다. 이제 지는 해를 되돌릴 수 없듯이 시인도 아내처럼 늙어가고 인생을 정리해야할 시점인 것을 알게 된다. 그렇다고 인생의 무상을 한탄만 할 수 없지 않은가. 이제 시인은 초기의 사실주의적 절제와 객관성의 자세에서 일탈하여 낭만주의적 감상성이 시에서 묻어나오기 시작한다.

세월 따라 가는 나를
당신이 앞서
가시밭길을 트고 있는 줄을
지금 알았으나
늦은 것 같소
풍악소리 즐기다가
문득 석양을
넘어가는 해를 본다오.

('석양' 부분)

시인은 이제 인생의 동반자로 살아온 아내에게 희망의 메시지를 주고 싶어한다. 시인의 괴팍한 성격을 순수하게 수용해줄 사람은 그리 많지 않다. 군인의 외길을 걷다가 제대 후 삶의 활력소가 되어준 시쓰기와 그림은 나름대로 단조로운 삶을 극복할 수 있는 비전을 주었다고 본다. 아내는 예술의 길에서 나름대로의 의미를 찾고 있는 시인이 자랑스럽게 여기는 최고의 응원자이다. 농촌에 파묻혀 고독하게 살아가지만 그녀는 말없이 창작하는 그의 곁에서 다정한 말을 던져주는 다정한 동행자라는 것을 뼈저리게 느끼는 것이다. 그는 아내를 유모어스럽게 "여물 먹을 때/유일하게 말 걸어주는/눈꽃 같은 사람이여"라며 정의한다. 그리고 삶이 아무리 고통스럽지만 희망을 가지고 손잡고 나아가자고 눈물겹게 제안하고자 한다.

고통을 안고 가는
너와 나의 삶
청보리가 넘쳐나는
그날을 기다려보자
('고통' 부분)

정기모의 시는 그의 일상에 대한 한 편의 그림이나 스냅 사진 같은 경우가 많다. 물론 그것은 시인의 그림에 대한 예술적 집착이거니와 세계에 대한 회화적 접근이 생활화되어 있기 때문이다. 그는 농사일을 하면서도 틈틈이 시를 쓰거나 가게 한쪽에 마련한 간이 화실에서 그림을 그린다. 그래서 시인은 손주가 음식이나 오물이 묻은 채로 달려들어 하얀 메리야스에 손자국을 내어도 사랑스럽기만 하다. 왜냐하면 손주가 남긴 흔적은 할아버지에 대한 손주의 사랑을 그린 한 편의 그림이라고 인식하기 때문이다. 그는 손주가 그린 자연스럽기 짝이 없는 그림에 대해 "할애비 나타나면/팔 벌리고 매달려/메리야스에/네가 그린 붉은 흔적/세상에 둘도 없어"('그림' 부분)이라고 노래한다. 이 시가 그리고 있는 그림이 한편의 시인지 그림인지 분간할 수 없을 정도로 눈에 선하게 그려지지 않는가. 정기모가 삶과 그림을 일치시키고 있는 시는 '그림자'란 제목의 작품이다. 그는 화폭 앞에 앉아서 그림을 그리기 시작한다. 한참 동안 그림을 그리자니 그림 속의 산 속에서 길을 잃기도 한다. 그 산 속에서 방황하다가 피곤한 너머지 문뜩 잠이 몰려오기 시작한다. 그 동안 시인은 자신이 하는 작업이 시를 쓰는 것인지 그림을 그리는 것인지 분간할 수 없다. 그것은 몰아의 지경인 것이다.

출렁이는 종이 위에서
허우적대는 붓
산허리에 걸린 시간
눈은 감긴다

('그림자' 부분)

시인은 이렇게 농사일을 하면서도 틈틈이 시를 쓰거나 그림을 그리며 살아가리라. 비록 그가 살고 있는 삶이 화려하거나 풍요롭지는 않아도 행복하리라. 그에게 시가 있고 그림이 있기 때문이다. 시인이 한 잔의 술에 취해 흥겹게 부르는 노래처럼 시와 그림은 그에게 변치 않는 친구요 동반자로 그의 삶을 풍요롭게 채워줄 것이다.

IV

정기모는 이제 60대에 들어서는 장년 시인이다. 혈기와 열정으로 시를 쓰던 시절은 지나가고 자신을 둘러싸고 있는 환경이나 지난 시절을 돌이키며 관조하는 자세를 가질 수 있다. 그가 사색을 하기 위한 활동으로 낚시를 즐기는데 그 시간은 정신을 집중하기 좋다. 그는 새벽에 강가에 나가 안개 속에서 세상이 열리는 순간을 미학적으로 경험한다. 마치 강태공이 고기를 낚는 것처럼 조각배가 안개를 낚아 날씨가 맑아지는 양 "물가에/아침안개 바람에 꺾여/일렁이고/조각배 안개를 낚는다"고 노래한다. 그는 한탄강에서 물고기를 잡는 유명한 낚시꾼이지만 강에 대한 사색으로 사유가 강에서 세상으로 확장한다. 강의 생태적 순환이 세상의 원리와 같다는 깨달음이다. 그가 강가에서 낚시를 하는 강태공 같은 정체된 삶을 살아가는 것 같지만 강은 그에게 세계의 상징이 될 수 있다. 그러한 강이 오늘만 존재하는 것이 아니고 내일도 모래도 안개에서 깨어난 새로운 모습으로 나타나기에 한낱 낚시꾼에 불과한 그에게도 지속적인 희망의 가능성이 엿보이는 것이다.

강에서 나고
강에서 새끼들 자라고
아침안개가 걷히기 전에
세상을 걷는다

강가에 아침은
내일도 있다.
('강가' 부분)

시인은 나이가 들면서 과거나 고향을 회상하는 시간이 길어진다. 그의 제1의 고향은 부산이고, 제2의 고향은 운천이다. 부산에는 자갈치 시장이 있고 그곳에는 항상 시장을 떠들썩하게 소리치는 자갈치 시장 아줌마가 있었다. 그녀는 민어나 조기가 철을 만나면 신이 나서 흥정의 목소리를 높이곤 하였다. 그녀가 앉아있는 조그만 좌대는 좁은 공간이지만 멀리 물고기가 헤엄치며 놀았던 넓은 바다를 연상시키기에 시인은 "남 태평 양/북 태평 양/좌대위에 누워있고/민어 조기 바람 맞아/아줌마 불러댄다"('자갈치' 부분)고 자갈치 시장을 그려본다. 또한 시인은 그의 청춘을 모두 바쳤던 군시절을 회상하기도 한다. 물론 운천에 둥지를 틀게 된 것도 군생활의 결과이다. 그는 물을 보면 군복무를 하였던 백령도를 회상하게 된다. 유난히 바람이 세게 불던 백령도는 바다를 바라보며 사색을 하기에 적합한 곳이었으리라. 그런 시간들이 그가 물을 좋아하고 사유를 즐기는 시인으로 자라나게 하였을 것이다.

백령도 물속 생각
바람을 밀어 내며
돌멩이를 뜯어내며
그때 군생활 생각에
하늘을 본다

('백령도' 부분)

시인은 이제 인생을 달리기만 하는 생존경쟁의 틀에서 바라보지 않는다. 젊은 시절에는 혈기와 정열로 돌파할만한 힘이 있어 어떤 장애물도 문제가 되지 않는다. 그는 어린 아이 시절에는 "맨발로/엉금엉금 기다가/막힘없이 달렸다"고 '지나온 길'에서 노래한다. 막힘없이 달리는 시기는 물론 청년기일 것이다. 이 시기를 보내면서 시인은 자신의 삶을 반성의 눈으로 바라본다. 남을 배려하기보다는 자신의 권력과 쾌락을 위해서 이기주의적으로 살아가는 인간들의 모습을 비판하며 "잘난 체 하는 듯/올빼미 놀이는/젊음을 실어 옮기고"라고 반성의 자세를 보인다. 이제 시인은 청년기의 패기를 잃어버리고 대신 지혜와 여유를 가질 수 있는 장년의 나이에 이르렀다. 이제는 인생이란 것이 타인을 밟고 이기려는 싸움이 아니라 함께 공존하고 상생해야 하는 협력자라는 깨달을 수 있는 것이다. 인생은 경주마처럼 옆을 보기 못하도록 가리지 않고 앞만 보고 달려서는 그것의 진정한 의미를 알 수 없다. 인생이란 여유자적하며 타인이 존재하는 옆을 돌아볼 수 있어야 시야가 넓어지고 전경 전체를 파악할 수 있다. 그는 지혜와 여유를 가질 수 있는 것에 대하여 "이제/막히면 돌아가고/힘들면 쉬어 가누나"('지나온 길' 부분)라고 한가하게 자적할 수 있는 것이다.

하지만 정기모는 인생의 한계를 절감하고 매우 자연주의적이고 회의적인 시각을 드러내기도 한다. 장년의 여유자적의 단계를 넘어서 인간의 한계를 인정하고 체념

하는 단계로 전이하고 있는 것이다. 북쪽에서 찬 바람이 불어오면 한 해가 지나가는 겨울이 다가오지만 한해의 결산을 들여다보면 별반 볼 게 없다는 생각이 든다. 오직 늘어가는 것은 하얗게 새어가는 머리카락밖에 없다는 자조적 체념이 나올 뿐이다.

찬바람 불어대며
한 해는 지나가고
아무것 한 것 없으니
무지한 삶일 뿐
동창에 새해 뜰 땐
흰 머리만 늘어나리
('번뇌' 부분)

이렇듯 정기모는 나이가 들어갈수록 농촌의 풍경을 있는 그대로 그리는 사실주의 시인에서 삶을 관조하는 실존주의 시인으로 변모해간다. 이번에 정기모의 두 번째 시집이 나오면 그는 더 진지하게 시작에 임할 수 있으리라고 본다. 자연과 인간의 삶을 회화적으로 그리는 수준에서 삶의 철학적 의미를 심도있게 조망하는 시인으로 발전할 수 있으리라 기대한다.